# Imrah's First 100 Words

Somali English Bilingual

Written by Hudda Ibrahim
Illustrations By Tsabitha Yahya

Diverse Voices Press

To all parents who are raising bilingual children.

And all educators who teach bilingual students.

- Hudda Ibrahim

Imrah's First 100 Words
Text copyright 2022 by Hudda Ibrahim
Illustration copyright 2022 by Tsabitha Yahya

ISBN: 979-8-9868024-0-4
Library of Congress Catalog Number: 2022917671
Printed in the United States of America
First printing 2022

Production Editor: Rachel Anderson
Cover and interior design: Tsabitha Yahya
Book Design: James D. Anderson

Diverse Voices Press
3333 W. Division St. Suite 112A
Saint Cloud, MN 56301

(206) 446-5593
www.DiverseVoicesPress.com

To order, visit:
www.DiverseVoicesPress.com
Reseller discounts available.

Black car

Gaari madow

Blue sky

Cir buluug ah

Orange hat

Koofi Oronji

# COLORS

Purple shirt

Shaati carwaajis

Red tomato

Yaanyo casaan ah/
Gaduudan

# MIDABADA

**Brown bag**

Boorso kafee ah

**Green frog**

Rah cagaaran

**Pink dress**

Dirac basali ah

**White garlic**

Toon cad

**Yellow banana**

Muus jaalle ah

| | |
|---|---|
| Aunt<br>Father's sister<br><br>Eedo | Aunt<br>Mother's sister<br><br>Habar yar |
| Grandma<br><br>Ayeeyo | # FAMILY |
| Mom<br><br>Ma (Hooyo) | Sister<br><br>Walaashaa |

| | |
|---|---|
| **Brother**  Walaalkaa | **Dad**  Baa (Aabo) |
| # QOYSKA | **Grandpa**  Awoowe |
| **Uncle Father's brother**  Adeer | **Uncle Mother's brother**  Abti |

## Apple

Tufaax

## Banana

Moos / Muus

## Cake

Doolsho

# FOOD

## Candy
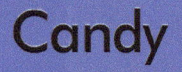

Nac nac

## Carrots

Karooto

| | |
|---|---|
| Egg  Ukun | Juice  Sharaab/Cabitaan |
| # CUNTO | Water  Biyo |
| Milk 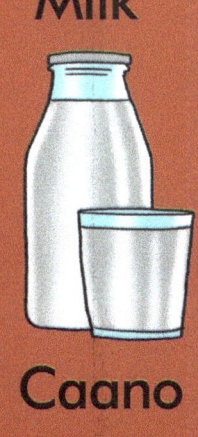 Caano | Pizza  Biisa |

| | |
|---|---|
| Arm 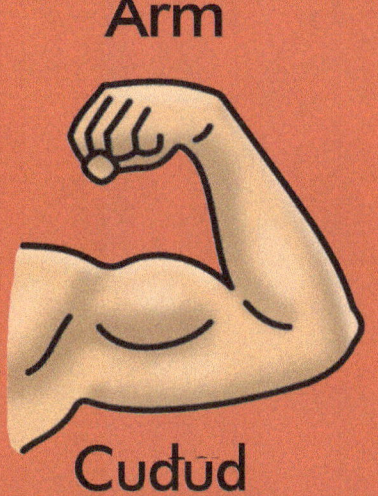 Cuḓuḓ | Ear 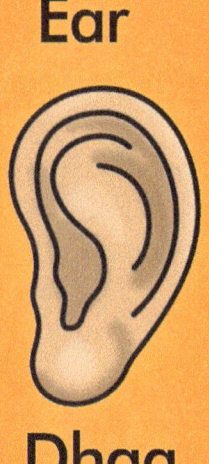 Dhag |
| Foot 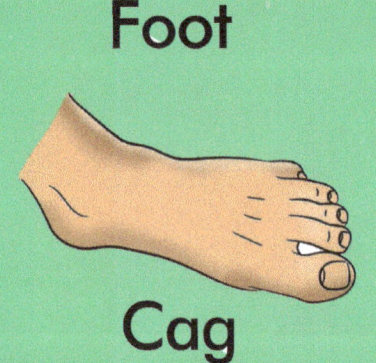 Cag | **BODY** |
| Leg 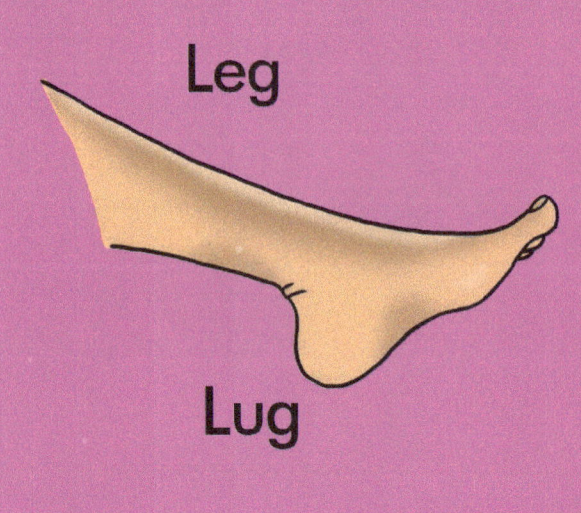 Lug | Hand 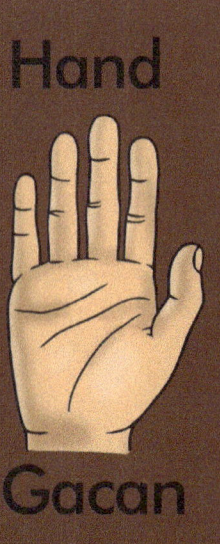 Gacan |

| | |
|---|---|
| Eye  Il | Fingers 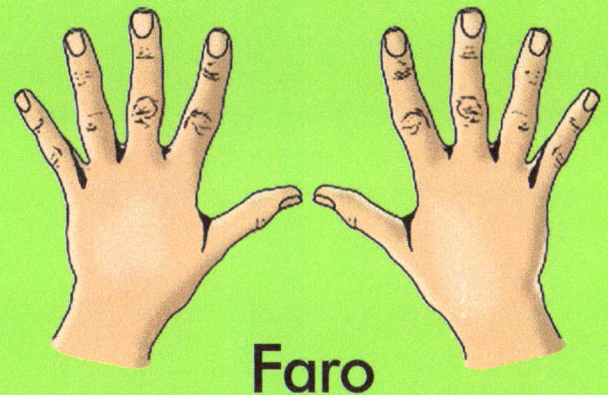 Faro |
| # JIRKA | Mouth 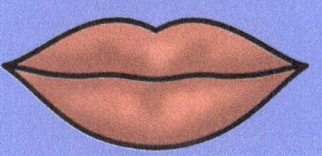 Af |
| Nose 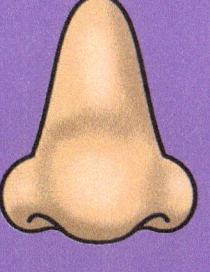 San | Teeth 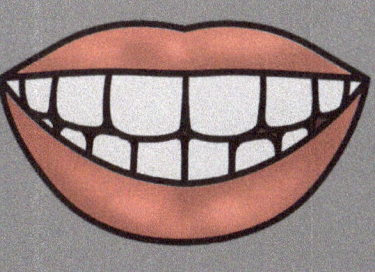 Ilko |

| Coat  Jaakad | Diaper 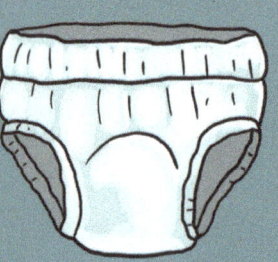 Xafaayad |
|---|---|
| Pants  Surwaal | **CLOTHES** |
| T-shirt  Funaanad | Shoes  Kabo |

| | |
|---|---|
| Hat  Koofi | Pajamas  Bijaamo |
| **DHAR** | Socks  Saksaan /Iskaalso/ Sharabaad |
| Skirt  Goono | Shirt  Shaati |

Bathtub

Saxanka Qubayska

Chair

Kursi

Clock

Saacad

# INSIDE

Table

Miis

Spoon and fork

Fargeeto iyo Qaado

Kitchen

Kushiin

Computer

Kombiyuutar

# GUDAHA

Potty

Tuunji

Toothbrush

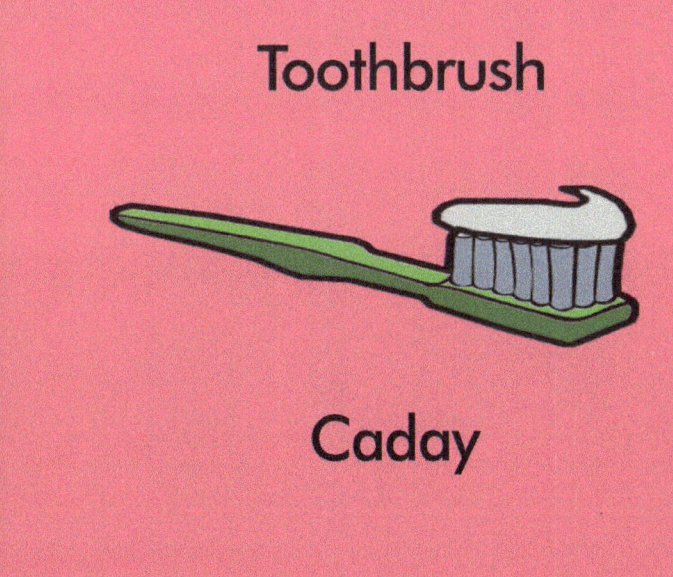

Caday

Television

Taleefishan

# OUTSIDE

### Flower

Ubax

### Grass

Caws

### Sand

Ciid

### Sky
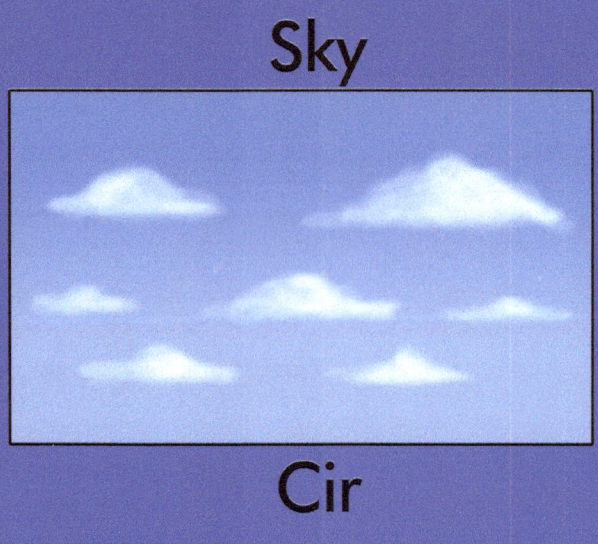
Cir

### Snow

Baraf

Kite

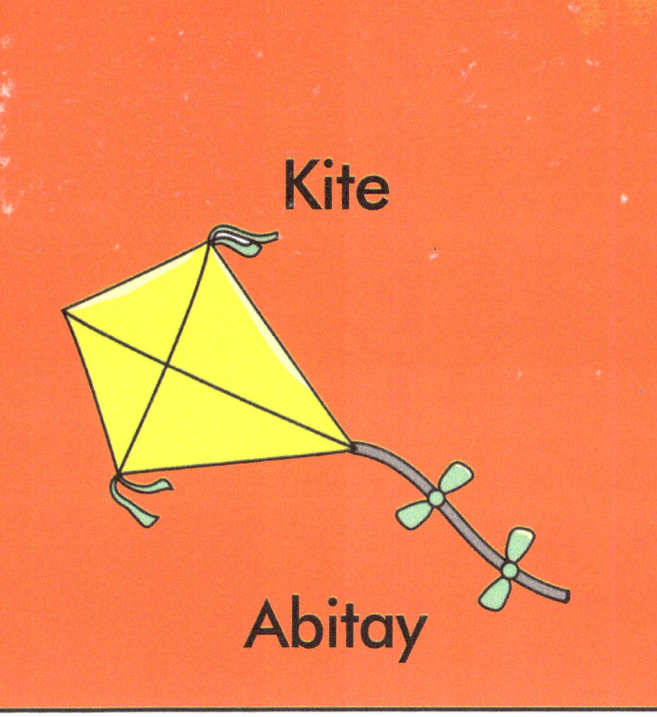

Abitay

Leaf

Caleen

# BANAANKA

Sea

Bad

Sun

Qorrax

Tree

Geed

| | |
|---|---|
| Bull  Dibi | Cat  Bisad |
| Sheep  Ido | # FARM ANIMALS |
| Donkey  Dameer | Goat  Ari |

Cow

Sac

Dog

Eey

# XOOLAHA LADHAQDO

Camel

Geel

Horse

Faras

Chicken

Digaag

# Bicycle

Baaskiil

# Boat
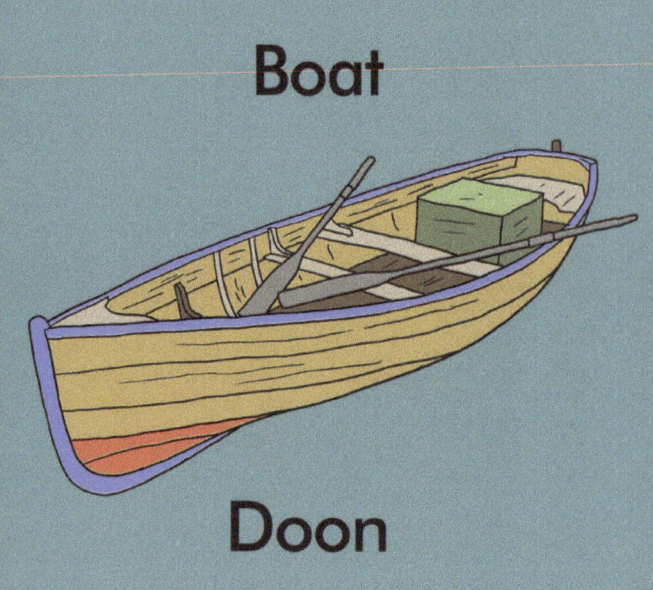
Doon

# Fire truck

Dabdamis

# TRANSPORTATION

# Taxi

Tagsi

# Tractor

Cagaf cagaf

| Bus | Car |
|---|---|
|  |  |
| Bas | Gaari |

## GAADIID

| | Ship |
|---|---|
| |  |
| | Markab |

| Train | Truck |
|---|---|
|  |  |
| Tareen | Taraag/ Gaari Xamuul ah |

Bear

Madax kuti

Elephant

Maroodi

Lion

Libaax

# WILD ANIMALS

Rabbit

Bakayle

Squirrel

Dabagaale

| | |
|---|---|
| Fox  Dawaco | Giraffe  Geri |
| # DUUR JOOG | Monkey  Daanyeer |
| Tiger  Shabeel | Zebra  Dameer farow |

# Match Colors and Pictures

| | |
|---|---|
| Black | Frog  |
| Green | Banana  |
| Red | Car  |
| Yellow | Bag  |
| Brown | Tomato  |

# Isku Aadi Midabada iyo Sawiradda

| | |
|---|---|
| Rah  | Madow |
| Moos  | Cagaaran |
| Gaari  | Gaduudan |
| Boorso  | Jaalle ah |
| Yaanyo  | Kafee ah |

# Match Words and Pictures

| | |
|---|---|
| **Arm** / Cudud | 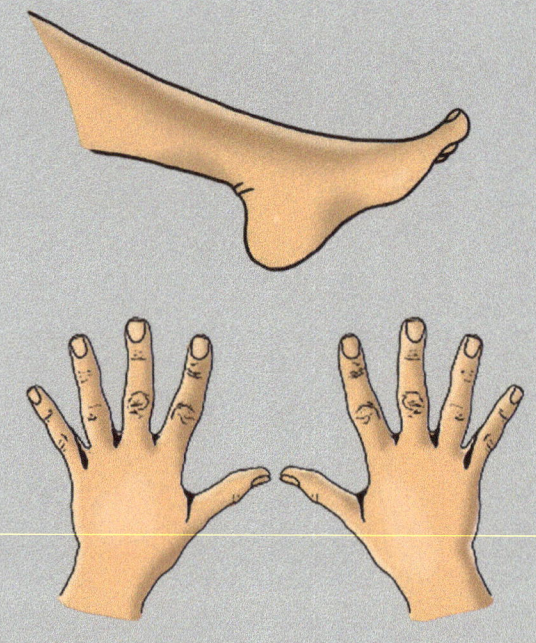 |
| **Foot** / Cag | |
| **Leg** / Lug |  |
| **Hand** / Gacan | 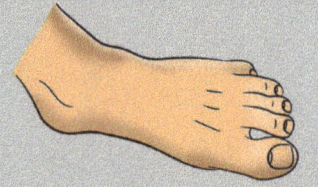 |
| **Fingers** / Faro | 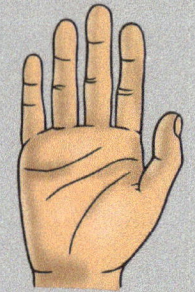 |

# Isku Aadi Erayada iyo Sawiradda

| | |
|---|---|
| **Ear** / Dhag | 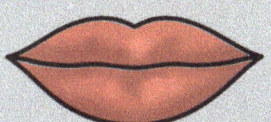 |
| **Eye** / Il | 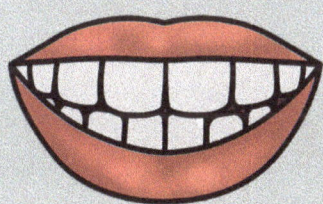 |
| **Nose** / San | |
| **Mouth** / Af | 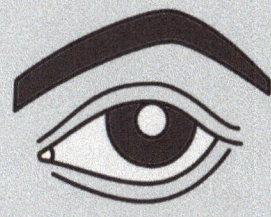 |
| **Teeth** / Ilko | 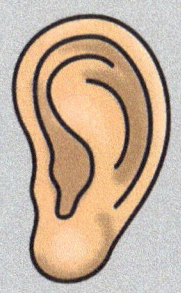 |

# Match Words and Pictures

| | |
|---|---|
| Shoes / Kabo |  |
| Hat / Koofi | 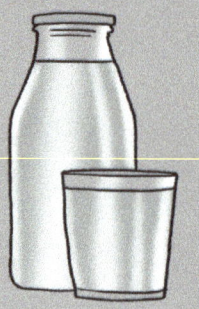 |
| Milk / Caano |  |
| Candy / Nac nac |  |
| Chair / Kursi |  |

# Isku Aadi Erayada iyo Sawiradda

| Potty / Tuunji | 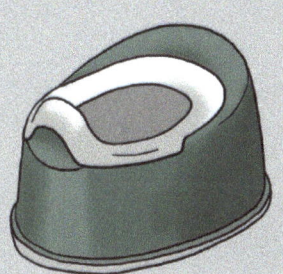 |
| Tree / Geed |  |
| Flower / Ubax |  |
| Bicycle / Baaskiil |  |
| Bus / Bas | |

# Match Words and Pictures

Cat
Bisad

Dog
Eey

Truck
Taraag

Leaf
Caleen

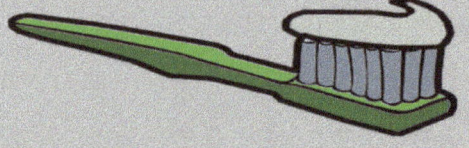

Toothbrush
Caday

# Isku Aadi Erayada iyo Sawiradda

| Grandpa Awoowe |  |
|---|---|
| Grandma Ayeeyo |  |
| Skirt Goono |  |
| Television Teleefishan |  |
| Cake Doolsho |  |

www.ingramcontent.com/pod-product-compliance
Lightning Source LLC
Chambersburg PA
CBHW061405010526
44119CB00010B/265